Unia Genosis

Ent-Wicklung

Unia Genosis

Ent-Wicklung

Heraus-Bildung

Goldene Rakete Verlag für Belletristik

Imprint
Any brand names and product names mentioned in this book are subject to trademark, brand or patent protection and are trademarks or registered trademarks of their respective holders. The use of brand names, product names, common names, trade names, product descriptions etc. even without a particular marking in this work is in no way to be construed to mean that such names may be regarded as unrestricted in respect of trademark and brand protection legislation and could thus be used by anyone.

Cover image: www.ingimage.com

Publisher:
Goldene Rakete Verlag für Belletristik
is a trademark of
International Book Market Service Ltd., member of OmniScriptum Publishing Group
17 Meldrum Street, Beau Bassin 71504, Mauritius

Printed at: see last page
ISBN: 978-620-2-44598-6

Inhaltsverzeichnis:

I. **Machen:**

....

mach

ich

für

Dich,

wenn

Du

es

willst.

II. **Einspruch:**

....das

ist

unglaublich!

da

zahlt

einer

Jahre

lang

den

Unterhalt

nicht,

und

kommt

damit

durch?

Was

ist

mit

der

Unterhalts-

Vorschusskasse?

Du

hast

ja

während

der

Zeit

Natural-

Unterhalt

geleistet.

Tritt

dann

nicht

der

Staat

ein,

wenn

vom

Sorgeberechtigten

gar

kein

Unterhalt

mehr

gezahlt

wird?

Mit

dem

Rechtsanwalt

klären

ob

ein

Einspruch

Sinn

macht.

III. Schlitten:

….mit

dem

gehe

ich

Schlitten-

Fahren

ich

IV. Tun:

.....

mache

ich!

ich

V. Geld:

....glaube

ich

nicht,

das

ist

ja

nur

das

Geld

welches

er

eh

nicht

zahlen

muss.

Hätte

er

ja

sowieso

nicht

gehabt.

Hat

er

jetzt

auch

sowieso

nicht.

Ich

VI. Gericht:

....gut!

ich

vermute

das

Gericht

hat

im

Juli

einfach

falsch

entschieden.

Ich

VII. Schriftlich:

....schriftlich

per

Mail.

Geht

schneller

als

mit

der

Post.

Ich

VIII. Verstand:

.....richtig,

habe ich so

verstanden!

IX. Emotion:

....wo bleiben

die Emotionen?

Ich

X. **<u>Anfrage:</u>**

....trotz

mehrfacher

Anfrage

wie

sie

sich

das

mit

der

Erberei

vor-

stelle

(zur

De-

eskalation)

-----

keine

Antwort

XI. **Getan:**

....Alles GUT,

Alles getan!

Ich

XII. Isses:

.....so

isses!

Ich

XIII. Dauer:

....da

habe

ich

zuvor

noch

einige

andere

Bilder

in Arbeit.

Das

wird

also

mindestens

noch etwas

dauern!

Ich

XIV. <u>Zoo:</u>

....das

ist jetzt

gemein.

Du

hast es

gewünscht,

Du

hast es

angezettelt.

Ich hatte

keinerlei

Interesse

in diesen

Zoo

zu fahren.

Du

wolltest

Bericht.

Jetzt

machst Du

mich verantwortlich.

Das

ist

falsch.

XV. **Wunsch:**

.....so

ein

Unsinn!

ich bin

auf Deinen

Wunsch

dort

hin

gefahren.

Gesund

mit Kindern

hin und zurück.

Mehr

gibt´s

nicht.

Alles

Andere ist

Dichtung.

XVI. <u>Leben:</u>

Du,

Liebe

meines Lebens.

Mutter

unserer

Kinder.

Warum

machst

Du das?

Warum

beschädigst

Du UNS?

Kannst

Du nicht

ertragen

wenn

es

UNS

(mir

und

Dir)

einmal

gut

geht?

XVII. Versand:

.....

Du

suchst

ein

Bild

aus.

Ich

lasse

drucken.

Versand

zu Deinen

Händen.

Kannste

dann

selbst

Deiner

Mutter

schicken

oder

auch

nicht.

Ich

XVIII. **Schwan:**

......mein

lieber

Schwan

XIX. Schön:

Ist

auch

schön

XX. Wellen:

.....

nein,

es fließt.

Wie

die Wellen

am Strand.

Immer

kommt

eine neue.

Die kann

nur

kommen

wenn

die alte

weg ist!

XXI. <u>Netz:</u>

.....nein.

Zerschneide

einfach

das Netz

der

Spinne.

Dann

bist Du

frei.

Ganz

ohne

Vernichtung.

Du kannst

Dich jetzt

entwickeln

wohin

Du

willst,

Ohne deren

(sowieso negative)

Kritik.

Mach

aus der Kritik

kein Feuer

das

die Seele

verbrennt,

sondern

ein

Licht

welches

Deinen Geist

erleuchtet!

XXII. <u>Spinne:</u>

......

die

Spinne!

.....weißt

Du

woher

das

Bild

stammt?

Ich

Kolibri 360 GmbH
Ferdinand-Jühlke-Straße 7
99095 Erfurt, Deutschland
produktsicherheit@kolibri360.de

Druck:
CPI Druckdienstleistungen GmbH
im Auftrag der
Kolibri 360 GmbH
Ferdinand-Jühlke-Str. 7
99095 Erfurt